Marco Puentes Cortés

Delirio llamando a flor

Prólogo de Luz Mary Giraldo

artepoética
press

Nueva York, 2021

Colección
Rambla de Mar

Delirio llamando a flor

ISBN-13: 978-1-952336-02-7
ISBN-10: 1-952336-02-3

Design: © Carlos Velasquez Torres
Cover & Image: ©Jhon Aguasaco
Editor in chief: Carlos Velasquez Torres
E-mail: carlos@artepoetica.com
Mail: 38-38 215 Place, Bayside, NY 11361, USA.

Marco Puentes Cortés

Delirio llamando a flor

Prólogo de Luz Mary Giraldo

Colección
Rambla de Mar

Contenido

Hacia la palabra original

"Conviene que yo disminuya/ para que mi letra presuma", dice el poema "Procedimiento", como una manera de apelar al valor de la palabra poética, a su grandeza. Diversas imágenes surgen de la profundidad de los versos de este sugestivo poemario de Marco Fidel Puentes Cortés, en el que se nombra el mundo desde lo prosaico y lo lírico, proyectando un yo representativo de estos tiempos aciagos. Se trata de un yo que se reconoce disociado, deshecho, dislocado, fragmentado, en fin, un rompecabezas que se arma y desarma en busca de unidad.

Poemas de distintas extensiones extraen lo máximo al vocablo para decir más allá de las palabras y condenar el exceso de ruido o de silencio. De una u otra manera, cada uno muestra y dice que las letras pueden ser pastiches, que "una lágrima duerme en la garganta", que la sombra de los huesos es espejo de sí mismo, que el alma se viste de labios, que la lengua es el cordón umbilical de la palabra. La continua secuencia poética también nombra y exalta la soledad, la urgencia de unidad, lo que fue la infancia, el desasosiego en la edad adulta. Así dice: "porque ya no somos/ lo que éramos/ (cabras azagadas)// cuando fuimos niños// porque extraviamos nuestra morada." ("Eco")

Hay una notoria búsqueda de originalidad poética en este universo creado y su lenguaje, en el que subyace un sentido mítico. Se trata de habitar la palabra desde la convicción de esta como morada, sentido y casa del ser, lugar de origen. De ahí esa idea de perder la infancia al extraviarse de la morada. De ahí también ese apelar a la unión con el otro, es decir a la comunión, pues la convicción está en que la perfección radica junto al otro, en unión con el otro. Este yo poético apela y busca, reclama y desea propiciar la unión.

Entre la inocencia y la perplejidad, ese yo se sabe "peligrosamente humano" y evoca la iconografía del cristianismo: el paraíso perdido, Abel y la ausencia de Caín, la señal de la cruz, las espinas, el costado de Cristo, Cristo desterrado, los clavos de gracia, el vahído de Dios, Dios escondido, Dios visible que mitiga, la camándula, las jaculatorias, la oración misericordiosa. Y a su vez, muestra inclinación hacia una honda reflexión sobre esencia y existencia, conciencia de vacío y por eso necesidad de ser con y desde el otro, entendido en el *religare*, como el sentido de ser más completo gracias al otro: "No te me marches/ no me encierres/ (…) / no te separes de mí" ("Sor Sonrisa"), dice en un poema, y en otro reitera: "quédate conmigo en casa/ (…) no sé todavía/ vivir sin mi Magola" ("Cubil"). De una u otra manera indirectamente se evoca "Vivo sin vivir en mí", de Santa Teresa de Jesús.

Desde ese *religare*, ese crear vínculos, además de ofrecer una determinada religiosidad se dirige al ser poético que concentra lengua y forma, pues sugiere que para soportarlo todo y saber vivir es necesario aprender a hablar. Se trata de un nuevo sacerdocio con la palabra que comunica. El resultado es la ecuación hablar y vivir, o hablar y ver, que es claramente expresado como un vagabundeo del verbo por la existencia, por el cosmos, como dice en el poema que cierra el libro: "Estoy aprendiendo a hablar/ simplemente… vagamente…/ a decir…/ a ver…// Lo del nudo en mi garganta es llevadero// como llevadera es la caricia de la luz" ("Estoy aprendiendo a hablar"). Así mismo, si bien la espiritualidad se desliza de manera paulatina, la corporeidad se entrelaza en objetos comunes con los que también se puede vagar por el cosmos: semáforos, televisores, cobijas, sábanas, cortinas, armarios, camisas, calzones, pañuelos, zapatos viejos, medias, pantuflas, betún y "minúsculas partículas" de vida cotidiana que contienen la palabra que apela, crea, nombra, ve y ofrece el ego disociado. "Mi nombre es cosmovagar", dice el yo poético que se autodefine en distintos elementos plenos o incompletos: "es desierto/ nube y brisa suave;// mi día es día sin alba/ mi noche es luz sin atajos" ("Mi nombre es desierto"). Desierto y vagabundeo que se hace y deshace con alegría y sollozo al saberse tierra, barro inventado, tiempo, naturaleza, gota de agua, espina, luz y sombra, y hermano del hermano.

Si bien se recorre la figura corporal desde el pie hasta la cabeza, o dicho en clave poética: "desde la manzana de mi cuello/ hasta la planta azul marino de mis pies" ("Do ut des"), y se revela que el ropaje humano no es otro que el cuerpo como cobertura del alma, es significativa la recurrente imagen del ombligo, huella del cordón umbilical que ató a la madre, centro del ser, que también puede ser hilo angular del tejido atado, amarrado indeleblemente a la lengua que de manera inquisitiva nombra el yo poético, como cuando dice: "¿Y para qué te amordazo/ si te llevo atada/ a la lazada de mi ombligo? ("Lengua"). O como cuando la pregunta deriva en respuesta lúdica y prosaica en la que el lenguaje del mundo de las transacciones interviene: "¿Que cómo saldo mis males?/ A fuerza de rebajas, remates y liquidaciones./ De mi ombligo los engancho/ como argollas/ para que quien quiera colgarse/ a bajo precio,/ se divierta conmigo un rato/ otro rato y otro rato…/ todo pagado con la misma moneda de tres caras." ("Baratillo").

El verdadero poder de esa "lengua enfermiza" ("Mi nombre es desierto") "tendida sobre el solar de tu terraza", como dice en "Delirio llamando a flor (Estación primitiva)", a veces dice maledicencias y en ocasiones es surrealista por lo espontáneo de ciertas imágenes insólitas, asociaciones libres y construcciones que generan un tono: "… en el color de la puerta falsa/ que llevas tatuada sobre tu pecho/ (…), cuando chillen de nuevo las albas/ de otro lunes azul// monta tu voz sobre los elefantes rencos/ (esos que transitan entre rascacielos)". A lo anterior se agrega el proceso poético y estructural que se desenvuelve como un ovillo en el que mientras teje y desteje, inquiere y ahonda en el sentido de la existencia o en el sentido del tiempo que transcurre y es calendario, fecha, día y noche, espacio urbano, vida doméstica, naturaleza viva en "copos de lluvia que pastan sobre las aceras" ("Fuera de lugar"), y naturaleza muerta convertida "en timbre de laúd" ("Canon") o, como se percibe en "Delirio llamando a flor (Vademécum)", reverso del anterior ("Estación primitiva"), que refigura el transcurrir como recapitulación de la vida hacia la muerte: "Esta es mi existencia:/ un presente que aparece/ y luego se esfuma// y luego viene de nuevo// y luego, / sin ya ser presente// ni ahondar demasiado sus estelas/ cierra/ (…)/ Este es mi lecho:/ un milímetro cúbico/ de tierra muy negra// con apenas la profundidad de un suspiro abonado/ donde han sembrado mis últimos huesos".

Si con gravedad dialoga con la iconografía de la infancia: el ratón Pérez que no existe en la madurez, cuando es posible vender "gato a precio de liebres" ("Utilero leteo"), con profundo dolor ahonda frente a lo desvalido que equipara a la voz de la conciencia: "Cargo entre mis brazos/ a la gallina que he desplumado/ para darle abrigo" ("Golpe de vista"), mientras el poeta se declara insignificante, hermético, apilador de naderías y contratiempos, conocedor del diario morir en los tropiezos. Y es autocrítico, al preguntar con ironía burlesca: "¿Por qué cuando camino sobre tus letras/ todas sus fronteras/ siempre están tupidas?// No encuentro más que murales de pasquines intimistas// o lamentaciones intestinas" ("Correo a las veinte").

Esta poética se muestra como una forma de resistencia ante la fragilidad y el desamparo del ser en el mundo escindido. Sabe que la palabra, como la vida, es transitoria, y que el silencio tiene su misterio. Sabe que somos "simplemente peregrinos" frente al "imborrable mar/ de la bóveda celeste". Y, sin embargo, busca sonrisas en el aire y ve "copos de lluvia que pastan sobre las aceras" ("Fuera de lugar"). La voz que surge en este poemario apela a la palabra que busca su sentido original: el de la morada. Bienvenido sea este libro.

Luz Mary Giraldo

Este cuaderno de poemas es mi indefensión y es mi desnudez; es saber que estoy sin haber llamado a estar, pero forcejeando por no legarle al egoísmo mi sitio. Es mi búsqueda, o mi exploración, o mis laudos y mis paradojas; pero es también mi abjuración, mi abandono. Es la pequeña rutina de mi soledad humana que todos los días muy temprano se envanece dando vueltas en torno a la sonrisa o el aplazamiento, haciendo tiempos para acomodarse su trinchera. Es la hora en que subo a plantar sobre la cresta de los desenfrenos una flor azul que ha ido perdiendo sus pétalos, y encuentro ajetreados a muchos otros inventándose igual sus banderines. Es, en definitiva, disimular con pastiches mis analfabetismos e ignorancia, presumiendo de una dote que no me incumbe, como tampoco me obliga mi muerte.

Delirio llamando a flor

Nonato

Esta noche

ante el espejo de la sombra de mis huesos,
lo que quiero no lo puedo
piso suelo aunque no avance

duermo, cansado;

el sueño es mi terapia más amada,
es mi hechura
mi donaire
mi crepúsculo.

Do ut des

A lo que tengo,
a lo que traigo puesto
desde la manzana de mi cuello
hasta la planta azul marino de mis pies
en esta tarde-calendario,

a la medida de cuanto soy a la fecha
(sin lienzos ni pañuelos),

agrego la berlina de mi palabra
como eslabón taciturno
al cual aviso con fe aferrarme.

A la hora horada

De cuando en tanto
me ocurre no querer de más ninguna otra cosa
que no se asemeje al despilfarro burgués;

no quisiera esos días
saber de simulacros o sujetos o terapias,

de raíces o cosechas
que transiten
sobre las agujas estacionadas de los relojes parroquiales

para abandonarme en prenda
al curso de ese ego disociado
hasta en sus más minúsculas partículas;

y deshecho,
recogerme y volver a armar mis fragmentos
como bloques de un juego de lego

o como runas paradójicas
de un rompecabezas anodino

para seguir andando
hasta el siguiente semáforo
de mis despilfarros mentecatos.

Lengua

¿Y para qué te amordazo
si te llevo atada
a la lazada de mi ombligo?

Cubil

El día es frío, Magola,
no salgas,
no dejes que te aborden
sus patrañas berengarias

quédate conmigo en casa;

yo velaré inocente tu desnudez:
aférrate conmigo al calor
de mi anticuada cobija verde de estambres;

amor pasivo
amor doméstico
amor sedentario
amor anónimo

voy a ofrendarte lo que anheles

(y hasta las sordinas de mi estudio
que duermen entre mis libros sin peso);

no te marches, Magola,
te lo requiero,
no me dejes solo

que no sé esperar
enredado entre mis 5 dedos,

que yo, pasado donnadie,
no sé todavía
vivir sin mi Magola.

Baratillo

¿Qué cómo saldo mis males?

A fuerza de rebajas, remates y liquidaciones.

De mi ombligo los engancho
como argollas

para que quien quiera colgarse
a bajo precio,
se divierta conmigo un rato
otro rato y otro rato…

todo pagado con la misma moneda de tres caras.

Utilero leteo

Vendo gato a precio de liebres
y una media remendada con hilos rusos

y las cordales
que el ratón Pérez no quiso llevarse
por no ser utilería
de mi primera niñez.

Sal marina

¿Qué me queda de melindres o sosiegos
cuando como la sal
a la que han destetado
de su nicho en las nubes

mi alma ha dejado de ser substancia

para desagraviar la sed
de la alondra
o del mendigo?

¿Qué me queda?

¿Si al descuajarse
por entre las rendijas de las alcantarillas locales
no me es dado respirar otro itinerario

que el de las aguas lluvias
que se confunden
con las mieses citadinas?

Procedimiento

Conviene que yo disminuya
para que mi letra presuma.

Correo a las veinte

Oye, poeta,
¿y por qué te cansaste de cantarle a tu diana?

¿Por qué cuando camino sobre tus letras
todas sus fronteras
siempre están tupidas?

No encuentro más que murales
de pasquines intimistas

o lamentaciones intestinas
acicateadas por el cascabel de los televisores
y los prontuarios de los baldaquines;

ya no hay allí ventanos
detrás de tus cortinas romanas
que acojan al abrirse
los hormigueros de la brisa de septiembre.

Oye, poeta,
¿cuándo vas a escribir algo que yo conciba u opine?

O escribe cuando menos alguna historia
con código de barras,

la firmas
me la cedes

para que pueda yo cobrarme mamandurrias
con las que comer arroz de balde
y beber cerveza.

Fuera de lugar

Desalojado primero
luego deshuesado,

me llevó consigo el viento entre sus árboles de miga

atado a sus mancuadras
cuanto quiso,

alentando un paseo inhóspito
hacia el umbral de su sindestino
(un callejón sin desembarcaderos);

pero no a la altura de las nubes,
pues entonces apelaría a la dignidad
de los copos de lluvia
que pastan sobre las aceras;

…apenas a tres pies de la superficie:

vaho nómade
entre chiqueros
y hojas secas color mostaza.

Puesto en la plaza

Uno quisiera detenerse,
frenar realmente;

pero hasta en la litera de un suspiro
muge el retintín de nuestra sangre-ajorca

todavía anegada
por la mofa y la baba
de los satisfechos.

.

Delirio llamando a flor
(Estación primitiva)

El verdadero poder
está en la lengua tendida sobre el solar de tu terraza,

no en la lengua de las proles
que marchan atragantadas sin escarcelas;

el verdadero poder
está en los colores fecundados por el anonimato

no en el color de la puerta falsa
que llevas tatuada sobre tu pecho;

el verdadero poder
está en la puesta de todos los días

(marchanta que se oculta en el verano de tu sala)

no en la inquietud funesta
de nuestras euforias oficiales.

Camina conmigo de brazo en silencio 7 noches
vistiendo el luto blanco de los ballesteros

sin mentar nada y a nadie
del despropósito o el madrigal
que estamos decretando;

con paso armonioso,
desechando engorros o autocracias

celebra sin ayunos tus solicitudes
y apareja de mi mano muda el día octavo
con sosiego vehemente.

Así,
cuando chillen de nuevo las albas
de otro lunes azul

monta tu voz
sobre los elefantes rencos
(esos que transitan entre rascacielos)

y gruñe y gruñe:

han muerto las polis junto con sus sombras

despunta el sol sobre nuestras butacas
y emanan aves de la tierra.

Todos los poderes efímeros, entonces,
caerán ante tus ojos sobre sus vestigios
embalsamados por sus rutinas

y al haber
de tus fundantes desapegos

prescribirá el flujo de las persecuciones,
advendrá la edad de los semejantes.

El poder
el verdadero poder,

nace en la omisión
de tu egoísmo extraordinario
(aquel que tanto gusta mostrarse significativo)

y en la ascensión plural decreciente
de nuestras almas nudas.

Canon

Amo esa naturaleza muerta
que escarba su rocío
bajo el roce de mis dedos

la naturaleza muerta
de la que se prendó el hilo de los sonidos
hasta convertirse
en timbre de laúd

o en lecho de sueños sin memoria

o en la mesita de noches
de los zapatos viejos
el betún y las pantuflas

o en el armario de las medias
los calzones de dormir
y las camisas
y las sábanas y los pañuelos

la naturaleza a veces inmortal
de las rosas inmortalizadas
o del Cristo sentado

la naturaleza
de los ecos matutinos

la de las teclas blancas

con cejas muy negras
atadas a un martillo de átomos

la de las sillas trenzadas
en el comedor de nadie
y de cueros

la de las baquetas
del colibrí despertador

en fin
la de la helada columna
de cristales rotos

que me abraza
como ganándose sus laudes metamatutinos:

esa naturaleza muerta
llena de humores
que sin ser de perfumes llama

sin vestir de semblantes
conforma el colosal arco iris
de la luz

que nos hace abiertamente mortales
y peligrosamente humanos...

Golpe de vista

Cargo entre brazos
a la gallina que he desplumado
para darle abrigo,

como desnuda llevo
la voz de mi conciencia

atenta mi escucha
al tierno sosiego de su justicia.

Recogimiento

Todo viene
todo se marcha
todo te mira cuando pasa,
todo se planta, todo huye.

En algún lugar
todo yace grabado o arrebujado

o es escultura de barro cocido
que con el tiempo se deteriora
y luego revienta…

cementerio de querellas
en que el corazón humano se aglutina
para enfrentar
el golpe de mano
que supone significa su acto.

Soy alma tanto como soy cuerpo
soy inteligencia y voz
soy corazón y soy rastro,

maña diestra que escribe
con un esfero de tinta bastante negra…

lo soy todo y soy en todos
los que han sido y son mis semejantes
y quienes en lo futuro,
porque soy

simplemente

criatura…

criatura que mama:
soy la mama que amamanta a sus criaturas.

Todo sabe y te fastidia
todo vale y es inútil
todo es don así que desgracia.

¿Dónde nace, crece,
evoluciona, florece, deslumbra,
declina, se marchita y muere
el equilibrio del hoy y de las cosas?

Todo es hecho
y es mirada intransigente

todo es vacuidad y bodega de enseres
todo es polvo y es mutis de luz,
todo es ademán de partir y abrazo de llegada…

somos hueso-pan
y somos mama que amamanta a sus criaturas.

El verde pasto crece sigiloso
como mi cabello
o como los vellos de mi cara:

(podar y afeitar son en realidad tareas taciturnas);

solo un oficio nos hace
verdaderamente competentes:
el descanso;

la meditación tanto como la muerte o el sueño
son obligación y escritura
son necesidad urgente.

Dejo de escribir…
me apuran el cansancio y el escrúpulo.

Cuanto omití, ¿también permanece?

¿También me mira
taciturno
cuando pasa al paso y se aleja?

Mi nombre es desierto

Lo que hoy hago
así lo hago
y no de otra manera;

lo que mal hago
lo hago mal:

pérdida tanto como precio.

Mi nombre es cosmovagar
y es desierto
nube y brisa suave;

mi día es día sin alba
mi noche es luz sin atajos:

todo lo mide
mi diezmado resuello

lo anda huella a huella,
lo siembra
lágrima tras lágrima
espera y suspira y espera…

poco vale lo que vale
poco es cuanto subsiste
o se espiga:

la batalla no se calla
ni se calla el silencio.

Cuán ridiculizado se sonríe mi gozo,
como un gesto a medias…

Le falta tinta
al sollozo de mi voz
para escribir la alegría doliente
de este tránsito sin egos:

Ah, mi egolatría
ah, mi desnudez
ah, mi lengua enfermiza

¿Qué sabes tú decir
si ni siquiera te decides por un nombre?

He hecho
y he desecho

y de todo ello soy el responsable
porque no lo hizo
o deshizo otro
distinto a mí.

Y en cuanto pude
o desmentí con mis actos,
el otro, mi prójimo

mi cercano
mi semejante,

fue así beneficiario
como indulgente o víctima;

lo fue por el barro escamoteado
del que fuimos inventados

y lo fue a su vez el polvo
al cual retornamos desde ahora,

desde el presente
de nuestro ser e insistir
de nuestro haber, de nuestro obrar

(presente-pretérito y presente-futuro),

porque también la naturaleza toda
se ha visto involucrada
en tanto que hermanastra
de mis actos de ser…

Lo que hoy hago
así lo hago:
esa es mi manera;

cuando hago mal
todo lo hago mal:

pérdida tanto como precio;

pues mis actos humanos son equilibrio
balanza, balance
polvillo de oro
gramo de barro…

esta es mi gota de agua

(mi única gota y mía solo)

empapando el seno seco y fértil
de mi hermana tierra:

sobre ella,
sobre sus espaldas de muchos colores
camina descalzo mi semejante…

¿Qué brota de ese seno de raíces y de símbolos?

¿Espinas?

¿Una deleitosa alfombra
de pastos renovados?

¿Flor?
¿Mar?
¿Espuma?

Yo siembro
esta gota mía única de mis jornadas;

la tierra obra el misterio:

si mi acto es gota de brisa
retoña el otoño;

si es gota de lágrimas de angustia
brotan ojos de agua ciega;

si es gota de saliva enferma

¿qué otra cosa desborda
por las venas de la tierra
sino el delirio insurgente
de un cosmos despabilado?

Aymés,
aymés, botas o aleluyas.

Ya retoñan mis actos
ya desbordan:

red nodal de mi libertad
o mi libertinaje.

En conclusión,
de mi libre maleducado albedrío…

Yo te eduqué:
por ello soy
el único seguro responsable.

Diana ante el espejo

Me enseñaste a traficar
con los aires de lo mundano

a valerme
del orden transitorio de las cosas

a apilar naderías
y contratiempos

a abrigarme
con agüeros o superficialidades

a esperar sentado
los faustos de las manías;

me enseñaste
a paladear instintos

a desposar fingimientos

a conjugar malas lenguas
y maledicencias

a acicalar con máscaras
la arbitrariedad

a menospreciar
los berrinches de los débiles;

me enseñaste a simpatizar
con encarnaciones
y bengalas
a medir tablas con ademanes
a escupirle a lo sobrepasado

a borrar de mi memoria
lo insobornable
o lo continente

a dramatizar el beso
el aprecio
o la amistad;

Mas ay
cuánto me has negado
en cuanto me enseñaste

cuántas voces me escondiste,
cuántas verdades necesarias.

Todo lo obtuve
aunque no lo tuve
pues jamás lo he acariciado,

todo lo fui sin vivirlo
pues nunca hallé en ello refugio,

todo lo codicié
sin apetecer nada
pues todo estaba de más.

¿Por qué no pude verlo entonces?

¿Por qué no supe
que aún al agarrar el trapero
de las rutinas domésticas

era un sacramento
lo que sujetaban mis manos?

¿Por qué me desnaturalizaste
para abandonarme sin espíritu?

¿Para qué me enseñaste
lo que poco valía?

Ave rapaz
chillo mi angustia
encerrado en los palenques
de mi gallinero.

Eco

Dejamos de serlo
aunque apenas nos afectara:

era la hora,
ya habíamos observado el tiempo;

arrinconamos
la más beneficiosa
de nuestras estaciones

sin promesa
sin manifiestos
sin protocolos…

ya no somos
ni estamos
como en ese día borrado.

Subsistimos en pos
de lo emergente y la emergencia

derrumbamos la puerta angosta
para ensanchar nuestro asomo,

amancebamos nuestra inmortalidad
a fuerza de ritos triviales.

¿Quién nos diera poder advertir nuestro ridículo?

¿Qué impulso sobrehumano
implorará por nosotros?

Estamos maniatados
aunque satisfechos
entonemos himnos a la liberalidad

porque torpemente insistimos
en resistir al espíritu
que nos sostiene y anima:

ya no somos
ni estamos
como en ese día borrado.

Renunciamos a ser niños
para custodiar nuestras obsesiones

y al renunciar lo perdimos todo
porque elegimos
no depender de nada ni de nadie
sino solo de nuestra insolencia;

empeñamos el buen juicio

menospreciamos
la sapiencia verdadera
aferrados al fuste de lo transitorio.

¿Será que no advertimos bienandanzas
más allá de cuanto tantean
nuestros pequeños ojos?

¿Será que este moderno abismo
de nuestras envidias
no conoce límites?

Como en ese día atrás borrado
ni siquiera estamos

porque ya no somos
lo que éramos
(cabras azagadas)

cuando fuimos niños

porque extraviamos nuestra morada;

y aunque nos denuncie
la terca cercanía de la muerte

nos negamos a valer el importe que no pagamos:

esta dote
de ser peregrinos,
simplemente peregrinos.

Pequeña jaculatoria

Cuánto me alegra verte
Dios escondido.

Verte que desadormeces
fingiendo no saber nada

aunque penetrándolo todo en mí,

y con ánimo soñoliento
verte apaciguar las aguas
calmar el delirio de estos vientos
que agitan mi espíritu.

Cuánto me mitiga
advertirte Dios visible
aprovechando tu siesta de la tarde
en un rinconcito de mi barca:

no obstante quienes te buscan,
yo te contemplo para mí solo...

mira cómo venimos indigentes
caminando torpemente sobre el océano

reclamándote consuelo o milagros
porque no nos saciamos
porque nos hace falta pan.

Cuánto me recrea
me solaza, me cautiva
atenderte humilde o desterrado,

postrarme para besar tus pies desnudos
y al ungirlos
con las lágrimas de mi agotamiento

estrecharlos contra mi pecho
como si fueran dos clavos de gracia
que me inmovilizan
hasta sangrarme el último respiro.

Cuán bienaventurado me aprovecha
el consuelo de tu soplo

o la humanidad de tu encaro,
o tu oración de misericordia,

o esas huellas que me revelan
que me has dado la espalda

para urgirme a levantarme

aunque avisas verme anegado
en los fangos de mi desconfianza.

Sor Sonrisa

Te abres paso
entre mis escaramuzas
para desbordarme el corazón
con tu esperanza;

a veces te ocultas
tras el telón de mis cavilaciones,

otras te revistes
de un no sé qué
de primicia radiante;

celebras conmigo lo tangible ordinario
lo imperceptible inusual,
y hasta la marcha de los caracoles
que visitan el atrio de mi pequeño albergue
cuando ya la llovizna ha callado sus salves.

No te me marches
no me encierres,

ahora que me acucian resquemores
aspavientos
lágrimas;

no te separes de mí.

Resiste.
Entrégame una vez más tus mariposas.

Mira cómo este otoño
a la sazón se crece
sin medir los estragos
de su tediosa siega.

Quiere Abel que no me faltes
aun cuando todo es sombra,

lo evoca
en la rastra de serenidad
que se lee en sus huellas

y en el sosiego
de aquellos pequeños inocentes
que todo lo esculcan aunque no quepa en sus manos
ni en sus cajones.

Plántate
amada hermana
humilde amiga

no corras

torpe lo apelo,

ahora que me abruma el pesimismo coetáneo

y me sobresalta el semblante
de su rostro ido.

Anhela Abel
que no te doblegues
hoy ni nunca,

espero yo esparcirte
como semilla de sus benevolencias
en medio de tan rejuvenecida barbarie

(tú bien sabes cuánto les enojan
tus generosas costumbres).

Introito

Levantarse
para alimentar ambientes o tropiezos,

desvestirse
para cada noche morir, morir…

Levantarse
para alimentar ambientes o tropiezos,

desvestirse
para cada noche morir, morir…

Y si después de morir
sobre el mismo diván
cada noche

todavía le quedan alas
al motor
de nuestros sacramentales,

que nos reduzca
a la quietud póstuma
de la paz primogénita

el mar

el imborrable mar
de la bóveda celeste…

Revelación doméstica

Ea. Eureka.
Aún tengo voluntad
no se me ha ido:

aún es eslabón de mis actos
y camándula de mis quejas,

aún todavía se queda conmigo
porque conmigo gobierna
(aunque gobierne mal).

Ea. Eureka.
Todavía lo puedo.

Aunque de cuanto soy
poco y nada nadie espere,

que yaciendo apenas
como hoja seca

sea yo pabilo
encendiendo el fuego de una hoguera
que perpetua arda
para ser calor
de muchas otras almas desnudas

que gimen, como yo lo he sufrido,
el hedor de su tibieza nimia y su vergüenza.

Ea. Eureka.
No es todo lo tarde que creía:
todavía es el tiempo bueno,

y lo es a cada instante
hasta el margen
de mi último respiro:

edificarme es asimismo la estación de mi prórroga
cuan inconmensurable reducido
veo el firmamento.

Ea. Eureka.
Aún todavía me consume la inocencia
me abotargan los misterios del silencio

me desmantela el dulce canto
de las sonrisas del aire

que me invita a tejer con mis silbos
los aleluyas
de este agosto mío
al ascendiente de todos,

clementes y despiadados
apoderados o herederos.

Ea. Eureka.
Aquí queda mi huella,
plantada en medio del trigo

como fruto unas veces
otras tantas, cizaña:

¿A quién privo?
¿A quién debo alimentar?
¿A quiénes beneficia mi desahogo?

¿Hasta dónde he de ensanchar
el porqué de mis sollozos?

Ea. Eureka.
Mi misión es bogar,
apelar es mi destino.

Delirio llamando a flor
(Vademécum)

Esta es mi existencia:

un presente que aparece
y luego se esfuma

y luego viene de nuevo

y luego,
sin ya ser presente

ni ahondar demasiado sus estelas,
cierra.

Esta es mi pobreza:
una piel que envejece
muy en su silencio

segundo a segundo
y todos los días;

un corazón que anhela
callar en su puerto
y la espina,

la antigua espina
de una rosa rugosa
inmortalizada

que me atraviesa
el costado izquierdo
de mi pecho de gredas.

Este es mi recuerdo:

un vahído de Dios
que me extingue

que sin treguas me agita,

me roba el aliento
me amilana
me abraza

me lo da todo de balde,

y sin cobrarme nada
todo me lo embarga.

Este es mi lecho:

un milímetro cúbico
de tierra muy negra

con apenas la profundidad
de un suspiro abonado

donde han sembrado
mis últimos huesos

para dar a luz los secretos
tantas veces dichos
de nuestras bienaventuradas perfidias.

Esta es, a la postre,
mi plegaria:

el catálogo de mis omisiones
el inventario de mis tradiciones

el vademécum de mis invenciones
o el censo
de mis retahílas.

"Delirio llamando a flor.
Delirio llamando a flor.

¿Todavía me escuchas?"

Tríptico póstumo
(o acto de habla sin campo solo para filólogos)

Del brumario (o mesada de las brumas)

Con el alma vestida de labios
descabellada e intranquila
escarbando esos algos
que están en lugar de otra cosa,

con los riñones durmiendo su modorra
las sienes hablando sin avenencia alguna
me despabilo, artero,
rodeado de ajustes y talentos accidentales,

celebro la Parada de todas las estaciones…

Con serena vergüenza opero la informidad
y la confusión de los fondos

las vísperas de ultratumba
las matrices inconclusas
el uno heterogéneo.

¿Qué ha sido de las hormas?
¿A dónde han ido los motivos?

¿Quién cercenó el intríngulis
de los ayer-universales?

¿Quién arrancó a las góndolas sus remos?

De la ventosa (o mesada de los vientos)

Ensimismado
entre ritos de lluvias,

riego las flores de mis invernáculos
tarareando
tontadas de errante;

imagino crepitar
los velones de la Fiesta,
luego los soplo
para confesar las apacibles alboradas;

recito los relatos de la naturaleza
teniendo por apenas testigos
las diligencias de los virtuosos,
dondequiera se escondan las dolencias
de las majadas lloronas.

Qué manen los vestigios
de nuestros hechos
de nuestro aquí y allá.

Qué se diga
cómo estuvimos presentes
y se escriban manifiestos
de nuestro llegar a ser.

Del mesidor (o mesada de las mieses)

Asgo las cábalas del tiempo
con abrazos cariñosos,

les arranco taciturno ventanas
capaces de albergar
esos cosmos noctilucas
que jadean entre fangos e inmensidades.

El llanto en flor de todo lo mío,
de mis podredumbres
de mis pesadas cargas sugestivas
(rebosando no obstante todas mis maneras)

y el sometimiento a mi diario de plétoras,

me obtienen, a última hora
la edad universal,

primogénita de los cultos
las cultivaciones
y la inane vislumbre
de la parquedad cotidiana.

Decido, entre parabienes
ayermarme,

no sin antes abreviar el duelo
de mis perquisiciones

esto es, de mis búsquedas:
la única verdad eterna y absoluta
entre tanto no azore la hermana muerte…

Ya anciano, replegado,
me percataré
que así como esta oscura proclama

(cuan insondables revolotean los sacramentos
de mi corazón)

todas mis ciegas imágenes
han perdido atractivo

y no vale sino aquello que vende
cuando las Vendimias.

Enterramiento color pastel

Dejo marchar con nostalgia
el viento que fue;

mi nostalgia luce atuendos de fiesta
de lluvia
de luz...

aquí todo es color pastel
por su delicadeza,

todo sabe
a las vendimias de ayer:

fue desbordante el esfuerzo
e inhumanas todas sus peticiones;

si algo quedó de todo,
fue apenas
y solo
un suspiro sin hoz.

Otro año termina
adiós dice la noche

pide perdón el viajero
por haber usurpado
un destino ajeno,

por haber caminado sin medir su rumbo;

aquí mi nostalgia
es una luna incierta sin sus baterías recargables

llena de un vivo tinte

en el cual mi mente
(morada de cuanto llamé memoria)

esconde aprisa cuanto le conviene,

se apoltrona deshecha
de espaldas a la ingratitud
de su prematura vejez...

Adiós año viejo,
ya firmamos el día de tu muerte
sobre las últimas líneas
de nuestras agendas,

ya abrimos la fosa
en la que hemos de enterrar
tus doce huesos,

ya derrumbamos el muro
que nos separaba
de la eternidad:

otra eternidad incierta se acerca

se abre paso
llama a la puerta del atrio

vestida con su banderín blanco de la paz,

del temor y las promesas

con su bastón
de planificaciones sin recreo

de miramientos apolíticos
de religiosidad y religiones

de cuanto anhelo
de cuanto desearía,

de cuanto conveniente
para mi bien
o a futuro me aviene

de aquel antifaz
bordado con flores
que siempre me deslumbra

y que al usarlo
en calidad de cliente antiguo frente a su mostrador,

desnudo me abandona
en la mitad del destino

al cual no atino
pues desatino respecto de todo
(valga la consonante redundancia)
sin saber de nada nunca su para qué.

Amén.
El hecho es tangible.
Cercana es tu muerte.

Vete pronto.
Pero no olvides cerrar la ventana...

mira a cuántos hace daño
el asomar sus narices
para husmear entre tus cosas

sus pobres razones

tantas cuantas verdades alegan
tú ocultas,

¿y todo por qué?

Porque huraños se marginaron

conscientes
cuan consecuentes renunciaron
a su humano derecho
de esclavitud...

no olvides cerrar la ventana

insisto, memorando;

mas no con lagrimitas
ni mucho menos a gritos;

mi linterna es mi silencio
tu quehacer no me desmota:

felices los que respiren sin tristezas
al abordar esta nueva verja

sin ataduras
sin ánimos delincuentes…

seres
malos como todos los seres,
capaces de sembrar cosas buenas.

Tanteos

Son justo estas seis letras pastiches
las que no me dejan estar
tan cerca como quiero
del ascensor.

Solo tanteo lo vivo
mimo lo trascendental
escondido en un canasto para frutas desbaratado,

nunca lo toco.

Cuánto me creo cercano…

Pues resulta, Michín,
que has sido suspendido
por tus embelecos de escritorio.

Urden sordociegos y entendidos
los tres centímetros cúbicos del cosmos
con las habas de sus ciencias matemáticas:

aquí noticias periódicas de papel,
allá tintas rojas y verdes y anisete;

ayer afinaban sus instrumentos de cuerda
y cortaban sus uñas
sobre un orbe absolutamente plano

(blanco sobre negro,
negro sobre blanco);

hoy somos el orfelinato
de la milenaria explosión matiz

de un volcán atosigado por sus ratones

muy en lo secreto
de sus entrañas.

Extravagantemente urgidas
a cada intervalo
por sus almanaques fachendosos de poeta

mis seis letras pastiches me mantienen excluido
de la hacienda cotidiana
de las calles comunes;

agasajo intonso lo imperecedero
sobre el calderón
de una partitura

que no termino todavía de escribir,

soplo ese copete de ilusiones
que cabriolea ante mis gafas

sin lecho ni descanso
ni plató identificables.

A mis seis letras pastiches
y a mis paracotidianidades de pavo

como a los 5 dedos de mis 7 manos
o a mis 3 patas de 2 pesuños

en todo heterogéneas, sí,

y porque parientes de casa
unidas a suntuosidades para fotografía,

solamente la asistencia oportuna
de la meritocracia de la muerte

les da afianzar sus huellas
sobre el columbón de sus tanteos.

El ascensor sigue fuera de servicio.

Onomástico de una lágrima durmiente

Traigo dormida una lágrima en la garganta.

Y no sé todavía
si escupirla o vomitarla
llorarla o tragarla;

yo ya no la celebro ni la canto
no quiero bailar con ella
(como el joven nocheriego de otros años).

No se deja.

La traía muy bien vestida
en un pañuelo de algodón para ocasiones de urbanita

pero se me quedó durmiente
sobre el dedo de Adán en mi garganta.

Tal vez lo que debo es volverla grito
o tal vez hornearla
para que se me evapore

porque ya no es un enigma
para el costado izquierdo mi corazón

la aflicción que se abre caminos en mi alma
abatida por la sangre
de las innúmeras paulatinas iniquidades

(calladas o amenoradas o públicas)

que alquilan un horario para adultos
en las cavernas de todos los televisores,

y sus ungüentos
y sus fetiches

impresos sobre papel periódico amarillo pajizo…

Mutan y mutan sus dolos frecuentemente
en forma de lágrima
o de nudo de huesos sobre mi garganta,
y me asfixian…

Son manzana edénica mordida por sus dos lados

son el vademécum del cínico
y el flexo del autócrata;

y es su rubor tan salino
que se robó mi voz
plagió mi cantar
mató mi sueño

y junto con mi sueño se llevó también
mi derecho al reparo
y al respiro.

Ya no hay surco
donde yo quiera enterrar mi esperanza
pues pisotearon todas sus semillas

y sus mieses.

Y a esta lagrimita mía
dormida, durmiente

que comodona perecea en mi garganta

y que de cuando en vez asoma
tras los terigios
que ciegan mis córneas,

nada la aguijonea

nada la alienta a levantarse
para engordar los senos de mi viña sedienta;

no acepta cirugías ni trasplantes ni agricultura:
dormir es lo suyo.

Mis regañadientes no son autoridad perita
(a lo sumo explicaciones impersonales).

Si tan solo aceptaras suspirar conmigo
algo habríamos avanzado…

¿Cómo te transmutaré en grito?
¿Cómo voy yo a "decirte", vestida de palabra?

No te quedes dormida

incorpórate ya
a quien hablo es a ti:

anda a buscar el viento

y elévate con él como esa voluta de humo
que fatigada respira en la chimenea del eremita
en busca de cielos más rosados;

rasguña las nubes para que llueva
para que llueva y llueva

y ya no deje de llover;

que se inunden todos los calendarios perecederos
con los espejos de tu sal
o los umbrales de tu hambre.

Doy por sobreseída tu causa:
feliz onomástico de tu siesta estacionaria.

Toldo

Ya no vendo tantos avíos
cuantos vendía antier;

ni aún la mitad
de todos mis enseres de mundo

interesa a mis antiguos abonados
del mercado de las liendres…

escasean mis letras de tarde en tarde.

Pasó la hora de las utilidades
y me sobrevino esta hambruna

atada a una sordoceguera incordia
(ocasionalmente apacible)

que aunque no ha querido desertar,
cuando me desmantela

la siento irse todas las veces
y todas las veces
la veo volver,

y cuando vuelve extiende
su toldo sobre mi toldo

para ganarse sonriente
mi última clientela.

Consulta

¿Será que tengo derecho
a sentir sin ritos ni medidas
todas las cosas que siento?

¿Será que puedo reclamar
mi libertad de morir
cuantas veces yo quiera?

¿Será que no le cabe
a la retina de mis ojos cansados
otro horizonte macilento y sin nubes?

¿Será que mi voluntad de dimitir
no es también una nueva manera
de sumarle bienes a las urnas de mi historia?

¿Será que quiero porque no lo quiero
despertar mañana todavía
a paladear mis ajetreos o mis pasividades?

¿Y qué?

¿No hay quien atienda mi consulta?

¿También mi alma debe ajustarse
a la pachorra de sus almanaques?

Estoy aprendiendo a hablar

Estoy bien.
Gracias.
En verdad.

Te cuento sobre mi tarea:

estoy aprendiendo a hablar
simplemente... vagamente…

a decir... y a ver...

Lo del nudo en mi garganta es llevadero

como llevadera es la caricia de la luz
que paladea
junto a esta brisita matutina

el cascarón de mis terigios
y las venas que ahorcan mis huesos...

Sé que debo seguir
en pos de cuanto creo aunque no veo,

aunque a tientas, cuando me persigno
mi mano no señala ya su cruz en mi rostro

sino el dolo que pesa sobre mis espaldas...

Se llama soledad.

Es mi pequeña amiga
mi mejor amiga
desde muy temprano en mi vida.

La invito a todo:

a acompañarme y a cantar conmigo
a asilar juntos la amabilidad y el rechazo

y la ternura y lo dispar y el sosiego;

la invito a tejer las sábanas
con las que de noche en noche me arropo
para no temerle a nada

para amarlos a todos:

a la rosa y al mendigo
a mi espejo, al desparpajo o la soltura
a las escaleras de esta casita de cristales

al balcón donde he regado
toda esta tinta seca
para que se la apropien las brisas tempranas

a las que igual amo como a mí mismo

tanto como he amado desde hace tiempo
las lonchas de mi desconsuelo

(esa parte de humanidad
adoptada o heredada
a esta raza inhumana y prepotente como ninguna otra)

tanto como te amo a ti
hermano generoso

que te aprestas a ser mi amigo…

Estoy bien.
Gracias.

Como siempre lo he estado.

No tengo razones para no estarlo
ni sé nada del oficio de las palabras

pues estoy,
de nuevo hoy…

aprendiendo a hablar.

Simplemente. Vagamente.

Marco Fidel Puentes Cortés

Profesional en Estudios Literarios, Técnico Laboral en Artes Plásticas, Magíster en Comunicación y Educación, y Músico (compositor) con experiencia en distintas áreas de la educación formal y no formal, principalmente en docencia (presencial y virtual) en las distintas áreas de mi competencia (literatura, artes plásticas, música), agregado a lo cual los oficios de corrector de texto, reseñista, traductor y evaluador de literatura.

Capacitado para el estudio y la lectura crítica de las teorías y estrategias de educación en medios, el análisis y la programación educativa, así como la concepción, dirección y desarrollo de proyectos en materia de comunicación y educación. Otros campos de mi ejercicio son la formación humana de niños y de jóvenes, formación y alfabetización de adultos y promotor de proyectos comunitarios.